NOTICE HISTORIQUE

SUR

LA CHARTREUSE DE VAUCLUSE

(JURA)

Par un Franc-Comtois

LONS-LE-SAUNIER

IMPRIMERIE ET LITHOGRAPHIE J. MAYET ET Cie
20, rue Saint-Désiré, 20

—

1885

Achille Billot del. & lith. Imp. J. Mayet & Cⁱᵉ à Lons-le-Sᵗ

CHARTREUSE DE VAUCLUSE (Jura)
d. photog⁎

I

> Dans un lieu que je croyais barbare,
> Quelle savante main a bâti ce palais ?

Comme le disait, il y a un siècle, je ne sais quel touriste, ami du beau, l'abbaye de Vaucluse n'est pas cette solitude antique visitée si souvent par l'insensible Laure ; il ne s'agit point ici de la célèbre fontaine à laquelle tant de fois Pétrarque mêla ses pleurs en chantant ses amours malheureuses ; notre Vaucluse a moins de grâce peut-être, mais son austère beauté attire encore les regards des voyageurs.

Nous sommes dans la vallée de l'Ain, dans un site effroyablement pittoresque, et presque sauvage. A six kilomètres, nous voyons se grouper quelques maisons, au fond d'un étroit vallon. Là, vivent dans la paix, loin du tourbillon des grandes villes, des gens simples et généreux, le peuple s'attache au sol qui l'a vu naître ; ses lopins de terre dispersés sur les territoires de Chavia, de la Grange-de-Crance, de Sanonay, de la Pèle, du Chatelet et du Colombier lui sont également chers ; c'est le pays ! Vivre au milieu des souvenirs des ancêtres, mourir dans la foi de leurs pères, c'est la gloire des habitants d'Onoz. Ils vous montrent avec une légitime fierté Vire-Castel (le vert château), avec ses ruines qu'ombragent les buis et les lauriers. Là, séjourna jadis le fameux baron d'Arnans, c'est là qu'en 1639, il luttait chevaleresquement avec ses braves pour l'indépendance de la patrie. Honneur au valeureux guerrier! Son âme s'en est allée vers Dieu, Onoz conserve sa dépouille mortelle. En visitant la modeste église du village, après avoir jeté un regard sur les tableaux qui décoraient autrefois la riche abbaye de Vaucluse, on rencontre l'humble chapelle, où reposent les cendres de celui qui fut le baron d'Arnans, la terreur des Français.

Chaque année de nombreux visiteurs viennent parcourir ces campagnes; le regard tombe attristé sur l'antique Chartreuse, et le penseur chrétien, remontant le cours des siècles, ne se rappelle pas sans émotion la vie qui régnait dans ces solitudes. De pieux moines, le plus souvent, au nombre de dix avec des oblats et des frères de peine, habitaient cette demeure, arrosée des sueurs des pieux anachorètes. Par leurs soins, les champs se couvraient de riches moissons. Le malheur des temps, des mains sacrilèges, ici comme ailleurs, ont accumulé des ruines.

Cependant l'antique asile des disciples de St-Bruno, a encore ses charmes, cette vallée clause (*vallis-*

clausa) isolée de toutes parts, est un parterre émaillé des fleurs les plus simples, mais les plus gracieuses. Réunies, elles forment de charmants bouquets, que ne dédaignerait pas, pour sa clientèle choisie, la maison Prevost (1), si renommée pour son art de grouper coquettement les fleurs.

Au milieu des bosquets créés par la nature à l'ombre des chênes séculaires, on trouve le narcisse, le cyclamen ; le promeneur cueillant à la fois la renoncule et l'œillet, se rappelle volontiers le gracieux quatrain du fabuliste :

> La renoncule, un jour, dans un bouquet
> Avec l'œillet se trouva réunie,
> Elle eut, le lendemain, le parfum de l'œillet :
> On ne peut que gagner en bonne compagnie.

Quel silence profond, quelle douce mélancolie! pas de chants, pas de concerts, plus d'hymnes pieux ! Seule, la voix harmonieuse du rossignol et de la fauvette, salue le lever de l'aurore ou annonce le déclin de l'astre du jour.

Quelquefois l'aigle, qui a son aire au sommet de la montagne, fait entendre son cri perçant, mesure de son vol et de son regard les limites de son vaste empire, et semble dire à l'homme, en lui jetant un défi :

---

(1) Galerie du Palais-Royal (Paris).

> Je suis né sur la terre,
> Mais je vis dans les cieux.

Tout autour, sur les pentes des montagnes, croissent de grandes et riches forêts où errent en liberté, le chevreuil, le cerf et le sanglier. Le chasseur le moins heureux, y rencontre toujours un abondant gibier. Autrefois, dans ces déserts vivait l'ours brun ; vers la fin du XVIIIe siècle, un de ces redoutables habitants des bois faisait la terreur de la contrée ; le marquis de Malvillette le tua et désormais l'ours a disparu de nos montagnes.

Devant ces buis gigantesques, qui se dressent sur le flanc de la colline, l'imagination mesure les siècles de leur croissance. Hélas ! il faut le dire, ces antiques témoins de la grandeur passée de Vaucluse disparaissent peu à peu. En 1790, le monastère, ayant été confisqué au profit de l'Etat, les avides acquéreurs, cédant à l'appât du lucre, ont vendu les racines du précieux arbuste pour alimenter l'industrie qui enrichit Moirans et les pays d'alentour.

Le même esprit de mercantilisme a fait dévaliser ici l'œuvre des hommes, aussi bien que l'œuvre de la nature. Les nouveaux propriétaires d'alors vendirent les grilles de fer qui formaient l'ornementation du bâtiment ; il faut le dire, pour leur justification, le produit de ce trafic couvrit trois fois le prix d'adjudication de l'abbaye.

Sur la rive gauche de l'Ain, rivière très tourmentée par son courant rapide, se trouve la côte de Bonans, peu riche et peu fertile; çà et là, quelques fermes dispersées avec de maigres pâturages déboisés; aussi, les regards et l'attention des touristes se reportent rapidement vers la rive droite, sur une montagne de huit cents pieds d'élévation. Là encore, on ne trouve pas d'espace horizontal; c'est la main des hommes qui a nivelé le terrain où la Chartreuse est assise, au milieu de nombreuses pelouses, couvertes de fleurs des montagnes, toutes très variées et très odoriférantes. Au sommet des rochers, on voit, de distance en distance, des cascades; et au bas, des sources dont l'eau pure et claire entretient la fraîcheur dans ces lieux solitaires. Là, on aime à voir les jeunes agneaux, bondissant sur un gazon fleuri, folâtrant autour de leur mère dont on entend au loin les bêlements plaintifs :

Hélas ! petits moutons, que vous êtes heureux !
Vous paissez dans ces champs, sans soucis, sans alarmes.

Etendu sur un lit de verdure, au milieu d'un bosquet de sapins touffus, le voyageur chercherait en vain le repos. Le murmure du ruisseau qui court à travers le feuillage; le bruit majestueux du torrent, qui se jette avec fracas dans les flots de la rivière; les mugissements des vagues, qui s'élèvent et s'abaissent au fond de l'abîme, viennent à chaque instant troubler son sommeil. C'est au milieu de ce cadre imposant que se dressait l'antique abbaye, se mirant dans l'onde azurée de la rivière d'Ain, dans les moments où son cours est tranquille.

Un seul chemin conduit à la Chartreuse; et certes, je pourrais déjà, dès aujourd'hui, vous assurer qu'il ne deviendra jamais route nationale. Pour parler le langage administratif, c'est le modeste chemin vicinal des Fenils au Bourget. Ce village, il faut le dire, en passant, n'est pas le dernier dans l'histoire de notre Province; jadis il eut une enceinte de murailles, et paya chèrement la lutte engagée pour la revendication de nos libertés. Le 31 août 1639, le marquis de Villeroy, avec le vicomte de Courval, et 150 mousquetaires le firent brûler, après s'être emparés du château de Virecastel.

Il ne faut pas s'étonner de retrouver encore quelques restes de superstition parmi les habitants du Bourget. L'imagination du peuple semble encore frappée du souvenir des malheurs du pays; et là, près d'un énorme bloc de pierre, au lieu dit *les Barnabeaux*, à en croire les légendes, viennent les esprits malins. A certaines heures de la nuit, on y voit des cierges allumés, on entend des cris plaintifs...... c'est le sabbat. Pas n'est besoin, gais lecteurs, de vous dire, le sourire sur les lèvres, que je n'ai pas la prétention de vous convaincre de la réalité du fait.

Après une promenade de trois à quatre kilomètres, on arrive auprès d'un canal destiné à conduire les eaux de la source à l'abbaye, c'est-à-dire à une distance de trois mille mètres. Ce canal, remarquable par la solidité de sa construction, est un travail d'art et de patience, dont la forme et l'élégance paraissent intéresser les visiteurs. Des dalles robustes le recouvrent; au-dessus, s'élèvent des chênes dont l'existence remonte à plus d'un siècle; rien n'a été dérangé dans la symétrie du canal, rien n'a été modifié dans son admirable disposition. De l'aqueduc, l'eau tombe dans un étang, dont les digues fortement assises, construites en pierres de taille, sont soutenues par des contreforts. Le courant s'y précipite avec une rapidité telle, que le trop-plein du réservoir servait autrefois à faire mouvoir un moulin et une scierie. Ces eaux ne servent plus à l'industrie, mais on les a ingénieusement utilisées, en les conduisant à un réservoir élégamment bâti, où vivent emprisonnés des milliers de poissons.

A quarante pas plus loin, au sud, existe à gauche, une terrasse suspendue sur voûtes; au milieu, se trouve un bassin, au centre duquel, un jet lance les eaux à la hauteur du bâtiment. Du côté nord-ouest, la terrasse est au niveau du sol; elle domine de 20 mètres un second jardin également suspendu et communiquant avec le premier par un escalier, vraie œuvre d'art, qui compte soixante-douze marches; il est assez étroit pour que le visiteur, à première vue, fasse appel à son courage, soit pour le monter soit pour le descendre.

A l'instar des jardins de Babylone, les terrasses de Vaucluse reposent sur des pièces voûtées. Celles-ci s'ouvrent en treize arcades sur la rivière à laquelle on descend par un escalier de quarante-sept marches. Ces voûtes, dont chacune mesure 20 mètres de hauteur, ayant toutes la même dimension, sont construites avec tant d'art, qu'un célèbre ingénieur moderne disait, après le savant capucin Joly : « *C'est un travail digne des Romains.* »

Les pièces du parement sont d'un goût recherché et l'épaisseur de 2 mètres 50 donnée aux murs, leur assure des siècles de durée.

Selon toute probabilité, les incrustations qui, à l'intérieur, forment un vrai ciment naturel, rendront ce monument indestructible. Cette œuvre, a du reste, coûté beaucoup de travail et beaucoup de temps ; commencée en 1766, elle ne fut terminée qu'en 1787. Telles étaient les terrasses de la Chartreuse, à l'époque où la révolution est venue s'en emparer.

A la Grande-Chartreuse, dans le Dauphiné, se trouve un tableau de l'abbaye de Vaucluse ; mais elle n'est pas représentée dans un style aussi majestueux que celui dont nous venons de parler.

On ne quitte pas les terrasses sans visiter, dans la treizième voûte, la source légendaire, qui porte le nom de *Fontaine des Moines*, d'où découle une eau claire et limpide. Sur le bord du bassin, on voit un verre en buis; si l'on en croit la tradition, c'était le verre dans lequel buvait le prieur Gauvain.

Rien de bien grandiose dans la maison des cénobites que nous rencontrons à quelques pas. L'intérieur se composait jadis de modestes cellules, qui n'avaient d'autres décorations que les vertus de leurs pieux habitants. L'hôtellerie nous apparaît plus élégante et solidement construite; trois rangs de fenêtres s'ouvrant vers le soleil levant, lui donnent un gracieux aspect. La porte monumentale qui donne accès à ce bâtiment, est couronnée d'un beau frontispice, au centre duquel se détache une belle statue, en marbre blanc, de deux mètres de hauteur, représentant la Vierge pressant son fils dans ses bras. Cette Madone est sûrement la meilleure gardienne de ces lieux solitaires. En 1820, la foudre, dans ses caprices, (je me trompe, car Dieu la guide à son gré) laissa la trace de son passage sur un doigt de la main de l'Enfant Jésus.

De ce portique, toujours ouvert aux touristes, on arrive dans une cour bordée des ruines d'une ancienne église, d'une chapelle et d'un bâtiment d'exploitation. Plus loin, l'on voit deux rangs de cellules séparées par un corridor ; c'était là qu'habitaient les dignitaires: un prieur, un sous-prieur, un coadjuteur, un courier, un vicaire et un sacristain. L'Ordre des Chartreux était très sévère; toujours couverts d'un cilice, et les reins entourés d'un cordon appelé Lombar, ils ne quittaient leur demeure qu'une fois la semaine, encore ne pouvaient-ils franchir les étroites limites que leur fixait la règle.

Tout près des cellules se trouvait l'église bâtie en 1664. On en voit encore les ruines, ainsi que les vestiges du cloître dont les quatre ailes entouraient le cimetière, aujourd'hui encore religieusement conservé. Une modeste croix rappelle aux voyageurs que là reposent : Hugues de Cuisel, premier prieur et fondateur de l'abbaye ; Ponce, seigneur d'Onoz, et Adeline, son épouse ; Etienne, comte de Bourgogne ; Hugues de Châlons et Alix son épouse ; les comtes de Montaigu et de Montmorot ; le chevalier de la Pallu, et tant d'autres dont les noms ne sont pas arrivés jusqu'à nous.

Du mobilier des Chartreux, il ne reste plus que deux tableaux, représentant l'un, un abbé ; l'autre, une bienfaitrice du monastère. Dans le vestibule, se trouve encore un lustre remarquable par sa grande simplicité.

Lors de la vente nationale des meubles et immeubles que possédait l'abbaye, le 17 octobre 1793, les stalles de l'église et quelques tableaux d'une grande valeur ont été sauvés de la tempête. On les visite encore aujourd'hui dans les temples chrétiens du voisinage.

Nous avons déjà parlé de la vie austère de ces pieux cénobites, qui, en maladie comme en bonne santé, ne faisaient qu'un repas par jour. Ici, personne ne recherchait les honneurs et les dignités ; ils étaient tous frères, et leur vie rappelait la simplicité des temps anciens. Au mur de chaque cellule se trouvait suspendu un tableau où figurait une fleur de lis, emblême de leur modestie, et sur un guéridon reposait un crucifix, entouré de feuillage.

Les Chartreux, qui trouvaient le bonheur dans la prière, ont donné à l'Eglise des hommes très célèbres; plusieurs parvinrent aux plus hautes dignités : témoin saint Bruno, fondateur de l'Ordre, et Odon qui devint pape, sous le nom d'Urbain II. L'effigie de ce dernier, se voit encore empreinte sur les murs de l'ancienne sacristie.

En visitant la propriété, on rencontre sur la ferme de Péthière, un ravin large et profond, qui servait autrefois à faire glisser dans la rivière d'Ain les bois coupés, pour les conduire à leur destination. C'était l'extrême limite de la barrière assignée aux pieux solitaires pour leurs promenades.

Sur la ferme des Fenils, au lieu dit *Pré du Puits*, il existe un gouffre, dont on n'a pas encore pu mesurer la profondeur. Après de grandes pluies, il en jaillit, en forme de gerbe, une eau épaisse et boueuse qui va se perdre dans l'Ain en glissant sur un rocher escarpé. Le fracas du courant a fait donner à ce rocher le nom de Roche qui bruit. Ces eaux, dans leur parcours souterrain, font entendre un lugubre murmure qui inspirait autrefois une folle crainte aux pusillanimes montagnards de la contrée; dans leur affolement, ils croyaient entendre le réveil bruyant des esprits ma-

— 14 —

lins, aussi appelaient-ils ces lieux la mauvaise vallée.

Ils n'osaient la traverser, arrêtés par une terreur imaginaire. La difficulté des transports était aussi pour quelque chose dans cette crainte.

En effet, de nos jours même, pour arriver à Cernon, il faut grimper le long d'un sentier très étroit, vertical comme la tige d'un sapin, et qu'on appelle avec raison, *Chemin des Echelles*.

Non loin de là, on découvre encore une croix, signe de l'espérance, élevée sur un petit monument, rappelant la mort terrible et accidentelle du jeune Jacquier. Dix-huit ans, la science, la vertu, rien ne l'a fait reculer, la cruelle !!!...

Après ce malheur, la famille Jacquier ne conserva rien de Vaucluse; rien, si ce n'est l'espace marqué du sang d'un fils adoré.

Qu'il nous soit permis d'adresser à une mère malheureuse, la parole de la mère des Macchabées : « Regarde le ciel », et de lui rappeler que la résignation dans l'épreuve est la mesure de la vertu et le gage de l'éternelle récompense !!!

Un monument, entouré d'une haie de sapin, marque le tombeau de l'infortuné jeune homme.

Près de cette mortelle dépouille, veille aujourd'hui, le sympathique et populaire M. Adolphe Saillard (1) propriétaire de Vaucluse.

---

(1) M. Adolphe Saillard est le fils de M. Sailard du Saron ; ce dernier a été conseiller général pendant plusieurs années et, à ce titre, a rendu

Il honore la mémoire de M. Jacquier en réparant les outrages faits au vieux couvent par les Vandales de 93. Bien loin d'imiter les dévastateurs révolutionnaires, il aura à cœur d'embellir le séjour des anciens moines. Agriculteur intelligent et actif, il a donné déjà à ce site un aspect plus vivant. Actuellement, ce vaste territoire de neuf kilomètres d'étendue se transforme par ses soins diligents. Dans la belle saison, on peut le voir à la tête d'une trentaine d'auxiliaires, donnant lui-même l'exemple du travail, attentif à exciter les uns, plus rarement à modérer les autres. Les fermes des Fenils et de Péthière sont assez vastes pour occcuper ce nombreux personnel qui trouve un abri dans les bâtiments mêmes. Partout, dans ces habitations, on rencontre des emblèmes religieux. A l'entrée des maisons de ferme des Fenils et de Péthière, un bénitier taillé dans la pierre, et dissimulé dans l'épaisseur d'un mur, indique une demeure chrétienne. On voit que les pieux solitaires aimaient à afficher partout l'expression de leur foi et de leur espérance; c'était d'ailleurs leurs sentiments les plus chers et leur meilleure gloire.

des services à son pays où il a laissé aussi en qualité d'agronome les plus précieux souvenirs.

II

> ..... Vous mettez la grandeur
> Dans les blasons, je la veux dans le cœur.

Maintenant que j'ai cherché à égayer mes bienveillants lecteurs, en les promenant à travers les ruines de la Chartreuse de Vaucluse, je vais essayer de les intéresser en leur faisant connaître l'origine et la fondation de cette antique abbaye, qui se composait primitivement de son enclos, de la grange de Péthière, de Verglas, de la Foulatière, des Fenils, du moulin de la Pêle, et de plusieurs beaux domaines à Montaigu, à Cuiseaux, de meix épars à Dompierre, à Arinthod, à Viremont, à Moirans, à Fétigny et à Montmorot, ainsi qu'à Sarrogna, à Chavia et à Villeneuve, avec des redevances sur les salines de Salins.

Elégants touristes, qui voulez visiter les restes des murailles antiques et fières de l'abbaye, choisissez une belle matinée de printemps, quand tout sourit dans la nature, quand le milan, déployant ses ailes, vous invite, de son cri plaintif et morne, à saluer l'aurore.

> Elle y voit aborder le marquis, la comtesse,
> Le bourgeois, le manant, le clergé, la noblesse.

Les premiers titres de la fondation de Vaucluse ne sont pas parfaitement connus ; cependant, suivant le récit de dom Bernard, prieur de cette abbaye, on croit que son couvent date de l'an 1140 ; mais, le Père de Tracy, auteur de la vie de St-Bruno, déclare que ce monastère fut fondé en 1139, au moyen d'une donation de Hugues de Cuisel, descendant de l'antique race des comtes de Bourgogne. Ce Seigneur, par une charte sans date, « pour le salut de son âme, et celle de ses parents », abandonna à Dieu et à l'Ordre des Chartreux, un terrain que l'on appelait la vallée close, ainsi que la propriété qu'il avait acquise de Pierre de Maisod et de Pierre de Nancuise, petit-fils de ce dernier. Ces dons s'étendaient jusqu'aux chemins d'Enchassery et du Grand-Champ. A ces libéralités, ce même Seigneur ajoutait plus tard, la terre qui se trouve au pied des Fenils, ainsi que le domaine de Bonans-le-Jouvencel (neuf), promettant d'acquérir Bonans-le-Vieux, aussitôt que l'occasion s'en présenterait.

Hugues de Cuisel fit ces donations à la condition expresse, que la Chartreuse, établie sur ses domaines, ne pourrait être remplacée par aucun autre monastère. Peu de temps après, il ajoutait à ses libéralités le territoire de Chavia, celui des Fenils, des montagnes et des forêts limitées par le chemin d'Enchassery, en faisant sanctionner ces dons par ses fils. A la mort de Hugues, Ponce I son fils, plein de vénération pour les pieux moines, leur fit aussi des concessions très importantes, en leur accordant l'étang, la grange de Verglas, et la vigne de Péthière, qui donnait, dit-on, un vin généreux et excellent. Le 7 des calendes de février 1154, le pape Anastase IV prit sous sa protection le jeune monastère, aussi que les biens qui lui appartenaient, approuvant aussi les limites, telles qu'elles avaient été fixées par Humbert, archevêque de Besançon.

Ces limites étaient de deux natures : les unes s'appliquaient aux possessions territoriales enclavées dans le district de la Chartreuse ; les autres aux pâturages qui étaient bornés par la rivière d'Ain, la Valouse, la montagne de Saint-Colomb, Dramelay, Saint-Saturnin, le château de Binans, Rothonay, Vaugrineuse et Condes. Le pape Anastase publia une bulle, par laquelle il défendait de construire ni église, ni maison, ni grange, dans le district du couvent. Elle portait également défense de troubler et d'inquiéter d'une manière quelconque ces pieux solitaires. Adon, abbé de St-Oyant, aida aussi les Chartreux à fonder leur monastère, en leur cédant ce qu'il possédait dans le voisinage de leurs domaines. Dans l'acte de donation, il abandonnait le revers des montagnes, de chaque côté de l'Ain, et le droit de pâturage sur toutes ses terres, en spécifiant toutefois que ce contrat resterait sans effet, si les disciples de St-Bruno quittaient leur maison, ou s'ils venaient à être remplacés par des religieux d'un autre Ordre.

Cet abbé fit le dépôt de ce contrat entre les mains d'Humbert, archevêque de Besançon, qui était venu visiter Saint-Oyant avec deux de ses chanoines ; l'un et l'autre ne pensaient certainement pas que ces libéralités seraient pour les moines une cause de querelles et de luttes perpétuelles. Les habitants de la rive gauche de l'Ain contestaient les droits donnés aux Chartreux et repoussaient par la force leurs bergers et leurs métayers. Les attaques étaient si vives et si fréquentes que les moines furent obligés de faire intervenir leurs sujets. Alors des luttes sanglantes s'engageaient, et ne se terminaient que par la mort de plusieurs d'entre les combattants.

> Hélas ! c'est une loi de notre pauvre terre,
> Que toujours deux voisins auront entre eux la guerre !

Malgré ces luttes, Vaucluse prospérait à l'aide des libéralités des seigneurs, et sous l'ombre tutélaire des Papes. Le 4 des calendes de septembre 1176, Alexandre II déclara que, tous les lieux occupés et possédés par les Chartreux seraient un lieu d'asile, et que les criminels ne pourraient y être arrêtés ; mais aussi, il menaçait des foudres de l'Église tous ceux qui étaient assez téméraires pour troubler les dix cénobites dans leurs possessions et dans leurs droits de pâturage.

Les moines avaient le droit de haute et basse justice, exercé par un châtelain, un procureur, un greffier et des sergents ; ils rendaient aussi les sentences. Des prisons, encore bien conservées, accusant les misères de tous les temps, et une croix, placée sur la route de Bourget à Orgelet, indiquant l'endroit où étaient élevées les fourches patibulaires, montrent aux voyageurs que nos pères étaient au moins aussi bien protégés que nous, et que les crimes ne restaient pas impunis. Les seigneurs d'Orgelet, eux seuls, prononçaient la peine capitale. Gaucher, sire de Salins, pour le salut de son âme, s'inclinant devant l'ordonnance d'Alexandre, renonça en 1180, à tous les droits qu'il pouvait avoir sur les biens que Ponce avait donnés à l'abbaye. De plus, il céda encore au monastère les terres qu'il avait acquises à Crouilla d'Humbert de Maisod et de sa mère, tout en permettant aussi aux moines d'acquérir les biens de ses vassaux. Cet acte fut passé en présence des prieurs Gauvain, de Bernard de Bonlieu, des seigneurs Ponce de Cuiseul, Thibaut de Montmorot, Guy de Binans et du chevalier d'Aimon de Revigny.

Guy de Maisod n'approuvant point cet acte, se présenta un jour à la chartreuse pour prendre communication de la charte dont nous venons de parler. Humbert de Sarrogna, l'un des moines qui le recevait, cédant à son désir, s'empressa de lui mettre sous les yeux le document qu'il demandait. Guy en prit connaissance et aussitôt il en brisa violemment le sceau, puis se retira précipitamment, non en gentilhomme, mais en vil mécréant : il devait dire tout bas, très bas :

> Rien n'est sacré pour moi quand le courroux m'égare.

L'évêque de Belley chargé de veiller à la conservation des privilèges de la Chartreuse, averti de ce coupable procédé, dressa procès-verbal, le 16 avril 1228, en consignant le contenu du titre mutilé.

J'allais oublier de dire qu'à peu près à la même époque, les monastères de Vallon et de Vaucluse ne faisaient qu'une seule communauté, ayant la même administration et les mêmes règlements intérieurs. Ainsi constitués, ils eurent plusieurs années de calme et de tranquillité.

La vie austère des moines et la magnanimité des prieurs leur avaient attiré la vénération des seigneurs et l'admiration de leurs sujets en particulier.

Les châtelains d'Orgelet furent très généreux envers les chartreux ; non seulement ils les comblèrent de dons, mais ils prirent encore leur défense et les couvrirent de leur appui dans toutes les circonstances difficiles.

Par une charte qui ne porte pas de date, Etienne II, comte de Bourgogne, leur céda le droit de parcours jusqu'à Binans, Saint-Sorlin, Conliège et Saint-Laurent-la-Roche. Son fils Jean de Châlons l'Antique, sanctionna ces libéralités et accorda encore aux religieux et à leurs métayers le passage libre du port de Condes.

En 1234, Étienne, sire de Thouars de Villars, copropriétaire du port, en fit autant; et, quatre ans après, il donna encore une terre sur Dompierre, dite à la Pelouse, avec la faculté de couper des bois dans les forêts situées sur son territoire. Le 11 janvier 1242, par un acte signé au château de Montaigu; Étienne cédait encore une rente annuelle de 12 livres, assignée sur son puits de Salins.

Hugues de Châlons, comte palatin de Bourgogne, et Alix, son épouse, fondèrent, en 1252, leur anniversaire dans l'église monacale, moyennant trois charges de sel, à prendre sur un puits de Lons-le-Saunier.

Si, comme je viens de le dire, les seigneurs d'Orgelet furent généreux envers les pieux cénobites, on ne peut pas rendre le même hommage aux châtelains de Virecastel. Ceux-ci furent durs et même cruels envers les moines. Jean de Monnot et Odon, son fils, les fléaux du monastère, mirent en question tous les dons faits par les sires de Cuisel : tout les ombrageait, tout devenait pour eux une cause de querelle et de procès. Pourquoi ne le dirions-nous pas? c'est que déjà la force primait le droit. La haine de ces Seigneurs contre les disciples de saint Bruno, n'eut point de bornes ; ils excitaient sans cesse contre eux les habitants d'Onoz et du Bourget, leurs sujets, qui, à mon avis, s'honoraient peu en obéissant à de semblables maîtres. A la même époque, une bande de routiers parcouraient les bords de l'Ain, marquant par des dévastations la trace de leur passage ; mais, soit qu'ils craignissent ces solitaires, soit qu'ils fussent respectueux à leur égard, ils ne les inquiétèrent point.

Les Chartreux n'eurent quelques jours de tranquillité que lorsque la seigneurerie de Virecastel eut passé entre les mains de la Pallu.

Ces moines, nés pour la méditation et la prière, eurent encore à souffrir des guerres de Louis XI, malgré la protection que leur accordait Arlay IV, gouverneur de Bourgogne. Le trouble était partout ; le cours de la justice était aussi suspendu ; les malfaiteurs profitaient de cet état de choses pour dévaster les bois et piller les fermiers. Un monitoire lancé en 1486 n'amena ni révélation, ni la découverte des coupables. Quelques gentilshommes, ruinés par les frais de la guerre, allaient même réquisitionner l'abbaye. Claude de Bussy, en 1439, le jour de la Toussaint, vint à l'église avec les dehors d'une grande piété, et donnant des preuves d'une fervente dévotion. Les moines lui font un accueil empressé, mais quel ne fut pas leur étonnement, lorsqu'à la nuit tombante, on vit ce seigneur entrer furtivement dans les écuries pour enlever les chevaux ? Claude de Bussy fut aussitôt arrêté et conduit devant le bailliage d'Orgelet, qui se déclara incompétent pour juger ce délit, et renvoya les partis devant l'officialité de Besançon. Mais les

Chartreux, dans cette circonstance, ne voulurent reconnaître d'autre juge que le général de leur Ordre. Cette prétention ne fut point admise, et le seigneur de Bussy, jugé innocent par l'officialité de Besançon, fut vertement blâmé par le pape, qui l'obligea à faire des excuses aux moines blessés dans leurs dignités et dans leurs intérêts. Le gentilhomme s'inclina humblement devant cette haute décision, avoua sa faute que sa conduite envers les chartreux ne tarda pas à faire oublier.

Les habitants de Cernon cherchèrent eux-mêmes à inquiéter les religieux de l'abbaye, ils leurs contestèrent leurs droits de pâturage dans leur commune, prétention ridicule et injuste, qui leur fit perdre un procès onéreux.

Le souffle révolutionnaire qui commençait déjà à agiter les campagnes, poussa ces malheureux à se venger, par des attaques violentes contre les fermiers de la Grange des Fenils. Comme on le voit, les misères humaines avec leur triste cortège, venaient sans cesse troubler la solitude des disciples de St-Bruno, qui étaient très souvent inquiétés, malgré l'appui désintéressé que leur accordaient la plupart des Seigneurs de la contrée. Henri de Bourbon, en 1637, protégeait d'une manière toute spéciale les Chartreux ; ceux-ci furent cependant, malgré cette haute protection, obligés d'abandonner leur maison pendant trois ans, la laissant ouverte et exposée aux bandes indisciplinées des belligérants. En 1640, ils rentrent dans leurs cellules, grâce à la protection de Louis XIV, qui leur permet en 1668 de mettre des armoiries et le bâton royal à leur porte, pour indiquer qu'ils étaient sous sa sauvegarde, et par là même, exempts de toute réquisition. Ce blason brisé, a presque disparu pendant les horreurs de 1793. Il en est de même de tous les objets qui rappellent la féodalité. Cependant on trouve encore dans l'intérieur de l'abbaye, un chenêt curieux par sa pesanteur et sa forme, portant le bâton royal avec quatre fleurs de lis.

Le château de Maisod, d'un aspect sévère, dominant un vaste paysage, possède un chenêt de même forme et de même origine. Le noble châtelain le conserve comme un précieux souvenir des pieux Cénobites.

III

Pour être sage, une heureuse ignorance,
Vaut souvent mieux qu'une faible vertu.

Elégants et savants touristes, qui avez mesuré, l'œil humide et le front haut, le terrain où était assise la cellule de Hugues de Cuisel, ce premier prieur de Vaucluse, qui ne rendait ses sentences qu'à genoux ; vous me demandez le chemin d'Onoz ? Venez, je vous accompagnerai dans cette voie tortueuse et difficile, couverte dans le mois de mai d'un frais ombrage ; ce chemin nous conduira, en passant par Chavia, à la modeste église d'Onoz, située du côté Nord, et dans la partie la plus élevée du village. Elle se compose d'un porche, supportant le clocher ; d'une nef, de 2 chapelles, de styles de diverses époques. On y remarque un joli tabernacle, des stalles qui appartenaient autrefois à l'abbaye de Vaucluse, plusieurs statues et un groupe de sculpture parfaitement exécuté, représentant un ange qui offre à Jésus le calice d'amertume, sur le Mont des Oliviers. Le pavé de ce lieu saint est formé de pierres tumulaires très anciennes. On y voit aussi à gauche, la tombe du baron d'Arnans, représenté avec son costume de guerre, l'épée au côté, dans l'attitude d'un capitaine courant au plus fort du danger, à la tête des braves qui savent mourir pour conserver leur nationalité. A droite, sur un tombeau que les années ont respecté, on lit cette inscription : « Don Arsène Odoardy, originaire du Piémont, de la compagnie de Saint-Ignace, mort en odeur de sainteté à Onoz, le 2 juin 1736, repose ici, aux pieds de l'image miraculeuse de la Vierge, apportée par lui dans la maison de Dieu. »

A une époque où se confondent tous les degrés de l'échelle sociale, où le mot progrès devient synonyme d'imbécillité, où le sens commun est banni des esprits et du langage ; en présence des fous furieux qui sortent de dessous terre comme les reptiles après l'orage, dans de telles circonstances, dis-je, les railleries de quelques Paul alcoolisés paralyseront-elles la foi de ces nombreux pèlerins, qui chaque année, le 8 septembre, viennent s'agenouiller devant la Notre-Dame, et solliciter les uns une grâce, les autres un pardon? Habitants des montagnes, songez à vos pères, qui, dans la simplicité de leur foi, vivaient heureux sous la garde de la Vierge d'Onoz. Ah ! si jamais ce peuple oubliait son passé religieux et les traditions du pays, la poussière du baron d'Arnans se relèverait de sa tombe et le valeureux capitaine rappellerait aux fils la gloire de leurs pères. Du moins, qu'il soit permis, à son respectueux admirateur d'être l'interprète de son cœur, de parler l'énergique langage de la vérité, et de réveiller, dans ses compatriotes, des sentiments qui sont inséparables : le sentiment de l'honneur, le sentiment de la foi!...

Chacun dans le pays connaît Notre-Dame d'Onoz. En 1780, le nombre des pèlerins venant de la Bresse, du Lyonnais, du Mâconnais, s'élevait jusqu'à six mille.

L'image vénérée, n'est que la copie de la Vierge, peinte en or sur saphir, qui existait dans l'église de Ste-Marie à Rome, et qui, disait-on, avait été apportée dans la maison qu'habitait en 524 Galla, fille du patrice Symmaque. Le père Odoardy en 1705, avait obtenu la permission d'en prendre la reproduction sur une tablette de cyprès de 50 centimètres d'épaisseur sur 60 de haut et 50 de large. Muni de ce tableau et de quelques reliques précieuses, le pieux disciple de St-Ignace se rend à Virecastel, chez le baron d'Arnans après avoir croisé mille épreuves. Oh ! la vertu est si haute qu'elle a des abîmes de tous côtés.

Le baron d'Arnans, j'aime à répéter ce nom, lui accorde l'hospitalité, l'honore de sa sympathie, et lui donne la jouissance d'une maison qu'il possédait à Onoz.

Après trente ans, passés dans le silence et dans la retraite, le père Odoardy mourut, léguant à la paroisse reconnaissante, son tableau miraculeux ainsi que les reliques précieuses qu'il possédait. Ce trésor sacré, consistait en un éclat de pierre, détaché du St-Sépulcre ; en un fragment de la chaire dans laquelle avait prêché St-François de Sales, et en un lambeau du vêtement de cet illustre Evêque.

Le 8 avril 1743, l'archevêque de Besançon rendit le décret suivant : *Nous déclarons que l'image de la bienheureuse Vierge, ci-devant appartenant au prêtre ermite de la compagnie de Montluc, sera et demeurera à perpétuité dans l'église paroissiale d'Onoz, et permettons qu'elle soit exposée à la vénération du peuple.* Cette ordonnance donna tant de célébrité à la Madone, qu'aussitôt des pèlerins accouraient de toutes parts, pour déposer à ses pieds leurs vœux et leurs prières.

Le représentant du peuple, Lejeune, au mois d'octobre 1793, envoya d'Orgelet le lieutenant Levrat, avec ordre de se faire remettre le tableau vénéré. Le procès-verbal de cet enlèvement fut dressé par le maire Muard, en présence des conseillers Poulet, Bernard et Ruffey. Souillé par cet acte barbare, le représentant de la force se retira, emportant à Orgelet l'image bénie, qui fut brûlée sur la place publique.

La population entière de cette bonne ville protesta, dit-on, contre cet acte sauvage, qui n'avait d'autre but que de jeter l'insulte à ses croyances. Aujourd'hui, il ne reste plus à Onoz que la planche en cuivre sur laquelle le lithographe tirait des images. Ces restes précieux, vénérés par les habitants, sont religieusement conservés dans l'église dont ils font l'ornement. Des siècles ont passé, des générations ont disparu, l'image est restée là, sous la garde de Dieu.

Les populations chrétiennes d'Onoz, de Bellecin, du

Bourget, de Viremont, sont fières de former la garde de la Madone et elles demeureront, soyez-en surs, fidèles à ce poste que leur assigne l'honneur.

L'honneur! c'est le mot que répète les échos des montagnes qui abritant Vaucluse; il est à jamais gravé dans le cœur des vaillantes populations de cette contrée... Je crois entendre le capitaine d'Arnans crier : En avant!!!

www.ingramcontent.com/pod-product-compliance
Lightning Source LLC
Chambersburg PA
CBHW060546050426
42451CB00011B/1811